www.tredition.de

AF198076

Thomas Graminsky

Aufgewachsen im Berliner Wedding

Verlag und Druck:
tredition GmbH, Halenreie 40-44, 22359 Hamburg

ISBN
Paperback: 978-3-347-24981-3
Hardcover: 978-3-347-24982-0
e-Book: 978-3-347-24983-7

Inhalt

Vorwort

Das hier ist ein Geschichtenbuch. Erinnerungen, die mir so hin und wieder in den Kopf kommen. Ich schreibe sie hier nieder, ohne ein Konzept hinsichtlich des zeitlichen Ablaufs oder der Themen, die so willkürlich entstehen.

Auf die Idee kam ich, weil ich in einer Seniorenresidenz im Rahmen einer ehrenamtlichen Tätigkeit Geschichten vorlese. Teilweise sind sie lustig und teilweise auch nicht so sehr. Daher habe ich beschlossen, nach einem Test bei den älteren Bewohnern dieser Seniorenresidenz, eigene Geschichten zu schreiben.

Bei einem ersten Test habe ich zwei Geschichten vorgelesen und sie fanden bei meinen Zuhörern sehr viel Interesse und Zuspruch. Außerdem konnte ich diese Stories zum Anlass nehmen, mit den Leuten über die guten alten Zeiten zu reden, an die sich sich immer erinnern können.

Also ab ins Abenteuer der 50er und 60er Jahre im Berliner Wedding. Ein Teil der 70er kommt auch noch dazu.

Omas Kartoffelpuffer

1960, Berlin, Wedding, Exerzierstraße 25, dritter Stock, links. Hier wohnen Opa und Oma, die Eltern meiner Mutter.

Opa und Oma waren schon ewig verheiratet. Oma kam aus Schlesien und konnte kochen, was man allen nachsagte, die aus Schlesien kamen.

Das Haus in der Exerzierstraße war ein richtig Gutes, im Vorderhaus - wo Opa und Oma wohnten - mit drei Zimmern, Mädchenkammer und Küche und Bad. Mit Badewanne und einem blauen Badeofen.

Die Küche, die von Oma beherrscht wurde, lag gleich links, wenn man die Wohnung durch die Eingangstür betrat. Leider fehlten die beiden großen Zimmer, die ursprünglich zur Straße zeigten. Nach dem Krieg, in dem das Haus beschädigt wurde, baute man diese Zimmer nicht mehr auf. So war es halt eine 1 1/2 Zimmer Wohnung.

Die Küche war recht schmal. Gleich links stand eine alte Kochmaschine, wie man sie in vielen alten Wohnungen in Berlin vorfand. Sie wurde mit Holz und Kohle beheizt. Rechts daneben befand sich ein Gasherd mit drei Flammen und Backofen.

Eine Spüle im heutigen Sinne gab es nicht. Nur einen Ausguss. Dafür stand ein Tisch in dieser Küche, der unter der Platte einen Auszug hatte, in dem sich zwei Schüsseln versteckten, in denen der Abwasch gemacht wurde.

Die Küche war bis auf eine Höhe von etwa einen Meter sechzig oder einen Meter achtzig mit einer hellgrünen Ölfarbe gestrichen. Schön war das nicht, aber insofern praktisch, als dass sich Flecken auf der Ölfarbe leicht abwischen ließen.

Oma, in der damals üblichen Kittelschürze, war immer gut organisiert. Ihre Utensilien verstaute sie in einem Küchenschrank und in einer kleinen Anrichte, die die Einrichtung der Küche komplettierten.

Eine richtige Einbauküche gab es damals noch nicht, aber in Omas Küchenschrank befand sich ein Fach, das wie eine Thermoskanne isoliert war. Darin konnten Lebensmittel gekühlt werden, vorausgesetzt der Eismann rief und Opa holte von ihm ein paar Stücke Eis, natürlich gegen Bezahlung.

Zurück zur Kochmaschine und zu Oma. Die Maschine, die ja im eigentlichen Sinne keine Maschine war, bestand aus Schamottsteinen im Inneren und weißen Kacheln an den Seiten und hinten an der Wand. Das ganze Gerät war gemauert und fest eingebaut. Auf der oberen Kochfläche befanden sich zwei Kochstellen, die auch von oben beheizt wurden. Jeweils eine Platte in der Mitte und mehrere Ringe außenherum verschlossen diese Stelle.

Wollte man anheizen, dann musste der Deckel und die Ringe entfernt werden. Wenn das Feuer im Gange war und schon mal ein paar Briketts, sprich Kohle, eingelegt waren, dann konnte das Kochen bald beginnen.

Anders als auf dem benachbarten Gasherd kochte Oma mit Inbrunst auf der Kochmaschine. Was nicht einfach war, weil sich die Hitze nicht so einfach regulieren ließ wie auf dem Gasherd.

Die Kochmaschine hatte auch den großen Vorteil, dass sie gleich die Küche ordentlich einheizte, was im Winter von Vorteil, aber im Sommer eher nachteilig war.

Ende der Fünfziger, Anfang der Sechziger Jahre gab es natürlich nicht jeden Tag Fleisch zur Mahlzeit.

Man konnte seinerzeit aber immerhin noch in verschiedenen kleinen Läden einkaufen. Also Fleischer, Bäcker, Lebensmittelläden und es gab ein Geschäft nur für Obst und Gemüse. Kartoffeln, Zwiebeln, Salat und alles was zum Kochen benötigt wurde, gab es da, unverpackt und Oma war beim Einkaufen immer gut ausgestattet mit Einkaufsnetzen und Taschen. Der Fleischer legte die Wurst in Scheiben auf Papier und es wurde nicht auf Vorrat gekauft, weil es keine vernünftige Kühlmöglichkeit gab. Also wurde fast jeden Tag der Einkauf erledigt.

„Wir machen heute Kartoffelpuffer", sagte meine Oma zu Opa.

Sie kochte immer für meine Eltern mit, die nebenan wohnten und auch gerne von Omas Kochkünsten profitierten.

„Thomas, geh mal runter zu Paulin und hol mal fünf Pfund Kartoffeln." Paulin war ein ganz gut ausgestatteter Lebensmittelladen in unmittelbarer Nähe.

Es gab das entsprechende Geld und meist erlaubte Oma, dass ich mir ein oder zwei Sahnebonbons, Storck Riesen, kaufen durfte. Zwiebeln, Mehl und Eier waren immer vorrätig.

Zurück mit den Kartoffeln, den Bonbon in meinem Mund, begann Oma mit den Vorbereitungen.

Kartoffeln schälen. Mit einem kleinen spitzen Messer, einen Sparschäler hatte Oma nicht. Aus dem Küchenschrank holte sie eine große Schüssel und eine grobe Reibe. Waren die Kartoffeln geschält und die Kochmaschine auf Temperatur gebracht, nahm sich Oma die Kartoffeln vor und begann mit dem Reiben.

Das war keine leichte Arbeit und vor allem musste sie aufpassen sich nicht zu verletzen, wenn sie mit den Fingern an die Reibe kam.

Trotzdem war Oma der Meinung, beim Reiben der Kartoffeln für ihre beliebten Puffer müssen immer schon ein bisschen Blut und ein paar mitgeriebene Fingernägel dabei sein. Was Quatsch war, aber an der Reibe geschnitten hat sie sich doch oft.

Nachdem die Kartoffeln gerieben waren, wurden sie in einem Geschirrtuch gepresst, damit das Wasser austreten konnte. Zwiebeln wurden ebenfalls gerieben und dann kamen noch Eier, Mehl und Salz in den Teig.

„So, geschafft", sagte Oma und nahm die alte, oft benutzte Eisenpfanne vom Haken über der Kochmaschine, wischte sich die Hände an der Kittelschürze ab und gab etwas vom selbstgemachten Schmalz in die Pfanne, setze sie auf die Platte und gab mit einer Kelle die erste Portion geriebene Kartoffel in die Pfanne, aber so, dass ein Puffer die komplette Pfanne ausfüllte.

Der musste jetzt erst einmal auf der einen Seite so richtig gut braun werden.

Ab und zu schaute Oma nach wie der Zustand des Puffers war, indem sie ihn anhob und die Unterseite betrachtete.

Der Geruch dieser gebratenen Kartoffel-Zwiebel-Mischung steckt mir heute noch in der Nase. Das Knistern der Flammen in der Kochmaschine und Omas freundliches Gesicht machten die Idylle komplett.

Opa wurde in der Zwischenzeit von Oma in den Keller geschickt, um ein Glas vom selbstgemachten Apfelmus zu holen.

Mit Schwung wendete Oma den Puffer und so wurde einer nach dem anderen auf einem Teller zum Verspeisen ausgeliefert. Oma kam gar nicht zum Essen, weil sie die Puffer braten musste.

Alle Familienmitglieder mochten die Puffer mit Zucker oder Apfelmus. Nur mir hat das nie geschmeckt. Ich aß sie nur mit Salz. Das war so lecker, besonders die schön krossen Stellen.

Oma kam erst zum Essen wenn der Teig fertig verbraten war. Meist blieben einige Puffer übrig, die auch kalt schmeckten.

Die Freude über den guten Appetit der Familie stand Oma ins Gesicht geschrieben.

Nach dem Essen gönnte sie sich eine Zigarette der Marke KRONE. Den Abwasch durfte dann entweder meine Mutter oder der Opa machen.

So lecker die Puffer auch schmeckten, so gemütlich die Atmosphäre in der Küche auch war, musste dennoch danach ordentlich gelüftet werden um den Bratengeruch aus der Küche und der gesamten Wohnung zu vertreiben.

Wenn ich die Augen schließe, dann sehe ich das alles vor mir und habe den Geruch in der Nase.

Schöne Zeiten.

Opas Geheimnis

Als Kinder durften wir den Opa ab und zu begleiten, wenn er mit einem Handwagen alte Balken und sonstiges Holz aus den Ruinen des zweiten Weltkrieges, die es in Berlin am Ende der Fünfziger und Anfang der Sechziger Jahre noch gab, abholte.

Opa war etwa einen Meter fünfundachtzig groß, der Handwagen war grau gestrichen und mit bestimmt einem Meter hohen Speichenrädern aus Holz mit Eisen beschlagen versehen und hatte zwei Handgriffe an lang ausladenden Stangen. Die Seiten waren mit Brettern verkleidet, vorne und hinten war der Karren offen. Dieses Gefährt hatte seinen Platz in einem Durchgang im Hinterhaus zum ehemaligen zweiten Hof zum zweiten Hinterhaus. Dieses zweite Haus gab es nicht mehr und so wurde der Durchgang wie eine Art Garage genutzt, auch teilweise als Lager für einen Gewerbebetrieb im Nebenhaus.

Opa, mit einem grauen Kittel arbeitsmäßig gekleidet und farblich dem Handkarren angepasst, schob die Karre, während wir Kinder auf der Ladefläche sitzen konnten und die Fahrt natürlich total klasse fanden. Man wurde richtig durchgeschüttelt, weil es zu dieser Zeit fast keine richtig asphaltierte Straße gab. Fast nur Kopfsteinpflaster. Das war nicht nur ein Rütteln und Schütteln, das war auch richtig laut.

Opa, der auch Versicherungen verkaufte, kundschaftete bei seinen Versicherungstouren immer wieder neue Objekte aus, die nun abgerissen und durch Neubauten ersetzt werden sollten. Das dabei als Abfall anfallende Holz war genau nach Opas Geschmack.

In den Straßen fuhren meist noch verschiedene Linien der Straßenbahn, teilweise auch schon Busse. Das waren mitunter noch Doppeldecker der BVG mit weit ausladender Motorhaube, aber mitunter fuhren auch schon die neueren sogenannten D2U Busse. Das hieß Doppeldecker, zwei Achsen, Unterflurmotor. Am Heck der Busse, wo es über eine kleine Treppe zum Oberdeck ging, gab es anfangs keine Tür. Diese Plattform war komplett offen und man konnte und durfte dort auch noch darauf stehen. Später wurden Falttüren zur Sicherheit der Fahrgäste eingebaut.

Jedenfalls war der Verkehr noch so gering, dass Opa mit dem Handwagen locker auf der Straße fahren konnte. Autos gab es in der Menge wie heute auch noch nicht. So hoppelten und polterten die Holzsammler also vor sich hin und hatten teilweise ganz ordentliche Entfernungen zu bewältigen.

Diese Sammeltouren fanden meist in den Sommermonaten oder im Herbst statt, weil das Holz ja auch noch von Opa zubereitet werden musste.

Auf den Baustellen hatte Opa meist auch noch Hilfe von den Bauarbeitern, die ihm dabei halfen, die von ihm ausgespähten langen, dicken und schweren Balken aufzuladen. Wir Kinder durften kleinere Holzstücke sammeln und auch auf den Wagen laden.

Staubig und verschwitzt schob Opa mit all seiner Kraft den Handwagen von der Baustelle in Richtung Heimat. Das war richtige Ackerei. Der Wagen war schwer und der Untergrund hart und holperig. Wir hatten bei der Rückfahrt nicht mehr das Vergnügen der kostenlosen Mitfahrt und mussten den Weg laufen, ebenso wie Opa. Besonders schwierig war es für ihn, wenn er die Straßenbahnschienen queren musste, oder versehentlich mit einem der Räder in die Schiene geriet. Da wieder heraus zu kommen, war alles andere als einfach.

Wenn sich die Gelegenheit ergab, wurde kurz gehalten, damit Opa einen Schluck eines mitgeführten Getränks zu sich nehmen konnte. Ich glaube, für uns gab es nichts und das, was Opa trank, hätten wir wahrscheinlich ohnehin nicht vertragen.

Opa war Jahrgang 1900 und Oma wurde 1901 geboren. Er war schon eine stattliche Erscheinung. Schlank, graues nach hinten gekämmtes Haar, und mit Brisk, einem Haarfett oder Pomade befestigt. Starker Raucher. Sein eigentlicher Beruf war Dreher, Schweißer oder Werkzeugmacher. Das hat er nie erwähnt. Als er 14 Jahre alt war begann der erste Weltkrieg mit seinen Entbehrungen. Mit 39 erlebte er den Beginn des zweiten Weltkrieges. Nie hat Opa und auch Oma viel über diese Zeit berichtet. Opa war auch nicht beim Militär. Das nur mal so nebenbei.

Wenn dann die Fuhre Holz mit Opa, dem Handwagen und uns in der Exerzierstraße angekommen war, wurde die schmiedeeiserne kleine Tür zur Kellertreppe geöffnet und die ganze Holzladung auf die Treppe nach unten geschüttet. Man konnte kaum nach unten kommen, aber Opa schaffte das in einer artistischen Meisterleistung und öffnete die untere Tür zu den Mieterkellern.

Wir begannen also das Holz, welches wir als Kinder so bewältigen konnten in den ersten von drei Kellern, die Opa benutzen durfte, zu tragen. Opa schleppte die Balken und wenn sie zu lang waren um die Ecken in den Kellergängen zu passieren, holte Opa die Grünsäge und zerschnitt sie.

War das gesammelte Holz im ersten Keller, dem Arbeitskeller, verstaut, gönnte sich Opa einen Schluck aus der Flasche, die offensichtlich Limonade enthielt.

In Opas Arbeitskeller befanden sich zwei alte Küchenschränke, die heute - aufgearbeitet - bestimmt eine Menge Geld einbringen würden. Dann gab es einen ziemlich großen Hauklotz aus einem Baumstumpf, auf dem Opa das Holz hackte, nachdem er es mit der Säge auf die von ihm gewählte Länge geschnitten hatte.

Das war alles in allem eine harte Arbeit. Dazu kam noch, dass er alle erkennbaren Nägel aus dem Holz zog und sie nebenan beim Lumpensammler verkaufte.

Damit Opa im Keller Licht hatte, wurde eine sehr eigenartige Konstruktion einer Stromleitung nach unten gelegt. Ein einfaches Kabel mit einem Stecker oben und einer Steckdose unten, wo Opa die Lampen anschließen konnte. Dieses Kabel blieb nicht dauerhaft am Haus hängen, sondern wurde immer wieder eingezogen. Oma nutzte dieses Kabel, um Opa zu signalisieren, wann er zum essen kommen konnte. Dazu zog sie mehrmals den Stecker und Opa wusste Bescheid.

Er war eigentlich immer lustig und ich glaube, es konnte ihn so richtig nichts aus der Ruhe bringen. Allerdings war er einmal beim Holz hacken mit einer kleinen Axt durch das abgeschaltete Licht so irritiert, dass er den Schlag nicht mehr bremsen konnte und sich die Axt in das linke Schienbein haute. Zum Glück gab es keine schweren Verletzungen, also keine Knochenbrüche oder größere Blutungen, so dass Opa nach dem Essen seine Arbeit fortsetzen konnte und das auch unbedingt wollte.

Gegenüber unseres Wohnhauses gab es einen kleinen Lebensmittelladen der Firma Meyer. Davon gab es in West-Berlin einige in den verschiedenen Bezirken. Bei Meyer wurde eine Orangenlimonade verkauft, die hieß M8. Das Getränk hatte eine schöne gelbe Farbe und schmeckte auch vorzüglich nach Apfelsine.

Da ich schon früh in die Schule kam, also mit fünfeinhalb, 1960, und meinen Schulweg zu Fuß erledigen musste war klar, ich kann schon größere Straßen überqueren und wusste halt, erst nach links und dann nach rechts schauen. Irgendwie gab es dazu noch einen Reim. Ich weiß aber nicht mehr, wie der ging.

Jedenfalls war ich für Opa der Einholer. Ich musste mehrmals in der Woche eine Flasche M8 für den Opa holen. Ich durfte mir auch immer etwas zum Naschen mitbringen. Wie viele Flaschen M8 ich für Opa holte, blieb unser Geheimnis.

Als Kind machte ich mir über den hohen M8 Verbrauch keine Gedanken. Opas Arbeit im Keller war anstrengend und staubig und dass er dabei Durst bekam, war doch ganz natürlich. Denn mit der Sägerei und der Holzhackerei war die Arbeit nicht erledigt.

Es wurden noch für den Winter Kohlen, also Briketts, geliefert. Für zwei Wohnungen. Unsere und Opas. Die mussten auch noch in einen Keller gestapelt werden. Das Brennholz ebenfalls und Opa machte das sehr akkurat. So waren die Keller vor Beginn des Winters bis zur Tür voll mit Kohlen und Holz. Und der Arbeitskeller war voll mit M8 Flaschen, obwohl ich manchmal auch leere mitnahm, wenn ich neue holte.

Opa war immer wieder unten im Keller ständig irgendwie am Ackern, wenn er nicht auf seinen Touren für die Versicherungen unterwegs war.

Im Laufe der Jahre gab es nicht mehr so viel Holz zu holen bei den Ruinen, die ja auch immer weniger wurden. Meine Oma starb 1966 bei einer Reise mit Opa in Trier. Opa starb 1977.

Erst jetzt wussten die Eltern und auch wir Kinder, warum Opa so viel Zeit im Keller verbrachte. Beide Küchenschränke im Arbeitskeller waren gefüllt mit leeren Flaschen Doppelkorn. Jetzt war auch klar, wofür er die Mengen an M8 Limonade brauchte. Zum Mischen.

Hat er eigentlich gut verheimlicht, der Opa, der Max hieß und bei mir noch immer ganz hoch im Kurs steht.

Armin, der Held I

Mein Vater Armin, geboren 1929, aufgewachsen in Berlin Neu-
kölln mit fünf Geschwistern, drei Schwestern und zwei Brüdern,
wollte unbedingt noch gegen Ende des Krieges als 15jähriger zu
den U-Booten. Was auch immer ihn dazu animiert haben könnte,
weiß ich nicht. Sein Vater, Opa Kurt, zur Unterscheidung mit dem
Vater meiner Mutter, der einfach nur Opa hieß, hinderte ihn jedenfalls erfolgreich daran und stoppte seine Karriere als Pimpf, der
noch das Reich retten wollte. Vaters Gesinnung kann ihn nicht zu
diesem Entschluss geführt haben, vielleicht war es wirklich die
Endzeitstimmung in der zerbombten Stadt Berlin. Er war strammer
SPD-Wähler, später, als er wählen durfte.

Opa Kurt war bei der Deutschen Reichsbahn beschäftigt, die seit
den 20er Jahren so hieß und deren Name nichts mit dem „Dritten
Reich" zu tun hatte. Mein Vater begann dann auch nach Ende des
Krieges eine Lehre als Schlosser, eben bei der Reichsbahn. Da war
er 16 oder 17 Jahre alt. Deutschland war zwar schon in die vier
Besatzungszonen aufgeteilt, aber in Berlin konnte man noch ohne
Probleme von Ost nach West und umgekehrt.

Nach seiner Lehrzeit wechselte er den Arbeitgeber und schuftete
bis zu seiner Rente bei der Firma Krupp-Dolberg in Berlin Rudow.

Zu meinem und auch unser aller Glück nahm mein Vater ein Angebot der Reichsbahn für ein Haus, also eine Dienstwohnung, in Berlin Erkner nicht an, sonst wäre aus mir vielleicht ein Ossi geworden.

Meine Mutter heiratete er 1953 und 1954 erblickte ich das Licht der Welt. Meine Eltern wohnten zu der Zeit gegenüber von Opa und Oma in der Exerzierstraße zur Untermiete. Mein Vater war 25 Jahre jung als ich geboren wurde, und stolzer Besitzer eines kleinen Motorrades, einer Puch aus Österreich. Später mit Beiwagen und einer Garage auf einem Hof in der Exerzierstraße. Mit diesem Motorrad fuhr er täglich vom Wedding nach Rudow. Das waren so rund 25 Kilometer, die er bei Wind und Wetter zurücklegte.

Mit meiner Mutter und Freunden waren sie mit den Motorrädern in Deutschland unterwegs und es gibt noch Fotos von der Truppe aus Heidelberg und auch aus Bayern.

Mein Vater und auch meine Mutter waren in gewisser Weise Wirtschaftswunderkinder. Beide hatten eine gute und auch einträgliche Beschäftigung, so dass meine Eltern sich bereits 1959 einen gebrauchten DKW Meisterklasse leisten konnten.

Eines der ersten Autos in der Exerzierstraße. Einen Fernseher besaßen sie auch schon, einen SABA Schauinsland, ein Standgerät mit zwei Türen, die den kleinen Bildschirm versteckten. Der DKW hatte einen Motor mit drei Zylindern und war ein Zweitakter, so wie ein Trabi, mit einer zweifarbigen Lackierung, einer sogenannten Revolverschaltung und einer Halterung für eine Blumenvase mit einer Rose aus Plastik.

Mein Vater war so etwas über 1,75 Meter groß und war auf Grund der harten körperlichen Arbeit richtig gut trainiert. Kein Bauch und vor allem immer gepflegte Fingernägel, worauf er sehr achtete, denn bei seiner Arbeit ging es natürlich nicht so klinisch rein zu wie in einem Operationssaal. Die Fingernägel zu schneiden und das Nagelbett zu bearbeiten war eine echte Prozedur, für die er sich alle Zeit nahm. Ein freundlicher Gesichtsausdruck, ein wenig verschmitzt, und eine kleine Warze an der Stirn über dem linken Auge und kräftige Haare, die mit einer Naturwelle daher kamen, rundete das Bild ab. Meine Mutter meinte, er habe auf einem Waschbrett geschlafen, wegen der Welle im Haar. Nie lief er so umher wie ich heute. Immer Stoffhose, keine Jeans, Hemd und Schlips, wenn es ging.

Na ja, es gibt von ihm einige Geschichten zu erzählen, die sein Heldentum begründen.

Damals, Ende der 1950er und Anfang der 1960er Jahre gehörte es, glaube ich jedenfalls, fast in jeder Firma zum guten Ton, dass Alkohol getrunken wurde und das nicht zu knapp. Da es kaum Autos auf den Straßen gab, wurde auch mit was weiß ich wie viel Promille im Blut auch noch fleißig mit dem Auto gefahren.

Bei Krupp-Dolberg, einer Firma die Bagger und Baggerteile herstellte und einen zweiten Firmensitz in Dortmund hatte, waren die Werkhallen nicht so sauber wie es heute in den meisten Firmen der Fall ist. Eher wie in einer Hinterhofwerkstatt für Autos in Berlin Kreuzberg. Entsprechend sahen auch die Arbeiter aus. Ölverschmierte Overalls oder Latzhosen, Hände, schwarz wie ihre Seelen. Auch die Werkbänke gaben kein besseres Bild ab. Die Männer wussten zwar wo ihre Werkzeuge lagen, aber auch die waren schön verschmutzt.

Mein Vater jedenfalls bekam eines Tages in der Spätschicht Zahnschmerzen und hätte eigentlich zum Zahnarzt gehen sollen. Aber am Nachmittag einfach von der Firma weg zum Arzt, das ging nicht. Jedenfalls nicht für meinen Vater. Es waren ja auch genügend heilkundige Kollegen in seiner Schicht, die mit zunehmendem Alkoholkonsum ihre zahnmedizinischen Kenntnisse umsetzen wollten. Die beschlossen nämlich, als die Zahnschmerzen bei meinem alten Herren immer schlimmer wurden, statt zu Schmerz-tabletten zur Western-Methode zu greifen und ihm erst mal noch ordentlich Alkohol einzuflößen.

Das ließ er sich gerne gefallen und ich kann mir vorstellen, wie er gegrinst hat und immer mutiger wurde.

Als endlich der Punkt erreicht war, wo es offensichtlich kein Zurück mehr geben konnte, nahm einer der Kollegen eine schön ölige Kombizange, um meinen Vater vom Grund des Übels zu befreien und den bösen Zahn zu ziehen.

Armin, schon schön duhn, zeigte allen Mut, auch zur Belustigung der Anwesenden, öffnete den Mund und zeigte mit dem Finger auf den vermeintlichen Übeltäter. Der Kollege packte zielsicher und beherzt mit der Zange zu und riss Armin den Zahn aus dem Kiefer. Von Schönheit der Arbeit und Mitleid konnte keine Rede gewesen sein.

Ein, zwei Schnäpse später war die Blutung gestoppt, nur die Schmerzen waren noch da. Klar, der Wundschmerz hallte noch nach, aber okay.

Irgendwie kam Armin nach Hause und hatte schon eine richtig schöne Schwellung an der linken Wange. Die restliche Nacht schlief er im Stehen, oder besser gesagt gar nicht. Die dreckige und ölige Zange hat dafür gesorgt, dass sich in der Wunde eine heftige Entzündung bildete, die nur durch die Einnahme eines Antibiotikums in den Griff zu kriegen war. Beim Zahnarzt natürlich dann auch noch das! Der Kumpel hatte meinem Vater einen gesunden Zahn gezogen und der Zahnarzt holte dann den richtigen eitrigen Zahn heraus.

Ich glaube, Armin konnte nicht so richtig lachen, wegen seiner Dummheit und der Folgeschmerzen.

Bei seinen Kollegen genoss er jedenfalls danach so einen gewissen Heldenstatus.

Ich bin mir aber nicht sicher, ob die Kollegen ihn nicht auch ein bisschen wegen seiner Gutgläubigkeit auslachten.

Der alte Herr Rucks

Klingt komisch, war aber so. Der alte Herr Rucks war der Vater vom jungen Herrn Rucks. Beide, der Alte und der Junge, waren Mitglieder im Angelverein „Gut Biss", dem mein Vater auch angehörte. Später auch ich, als ich als Jugendlicher eintrat, weil mein Vater das auch wollte.

Der junge Herr Rucks war irgendwie ein Kumpel meines Vaters und hat lange in Südafrika gearbeitet. Ein anderer Kumpel meines Vater war auch Mitglied. Das war Helmut, für mich natürlich Onkel Helmut, weil das damals alles Onkels und Tanten waren, egal in welchem Verhältnis man zu denen stand. Helmut hatte auch einen Sohn, der hieß Peter, eine Frau, das war Elfriede und eine Tochter, die hieß Petra, genannt Ernie.

Der Angelverein „Gut Biss" lag am Tegeler See, an der Bernauer Straße, die durch ein recht großes Waldgebiet in Richtung Gartenfelde führte. Damals konnten die Mitglieder mit ihren Autos, wenn sie schnell und früh genug dort waren, bis nach unten auf das Vereinsgelände fahren. Das war gut, denn in Vaters Opel Rekord P2 Kombi konnte man gut schlafen, wenn die Sitze heruntergeklappt waren und die Ladefläche zu einem großen Bett wurde.

Der Verein war wie eine große Familie, so empfand ich das. Wir Kinder waren akzeptiert und konnten eigentlich machen was wir wollten. Auf dem Gelände konnte man Tischtennis spielen. Eine richtige Tischtennisplatte stand hinten, kurz vor dem Zaun zum Nachbarverein. Die Angler konnten Fische räuchern. Dazu war ein einfaches Metallspind, also so ein Kleiderschrank, wie man ihn in Fabriken und Werkstätten fand, als Räucherofen umgebaut. Von diesem Schrank habe ich zu gerne die Tür geöffnet und eine Nase von diesem wundervollen Rauchgeruch genommen. Hinten gab es einen Geräteschuppen aus Holz. Das war alles selbst gebaut, ebenso wie das Vereinshaus, was bereits auf Pfählen im Wasser stand. Neben dem Geräteschuppen befand sich auch das Herzchenhaus.

Fast alle Mitglieder hatten ein eigenes Boot. So Mitte der 1960er Jahre war das schon so etwas wie ein Statussymbol. Und die Typen waren ja auch alle irgendwie Verrückte. Einige Polizisten gehörten auch dazu, das waren zwar noch die ruhigeren Vertreter, allerdings auch teilweise sehr borniert. Immerhin waren sie ja Beamte. Andere Typen, alle so in dem Alter wie mein Vater, also rund Mitte dreißig, waren schon teilweise schräger. Ich erinnere mich an einen, der hieß Ingo. Um auf das Vereinsgelände zu gelangen musste man oben ein Tor öffnen und konnte dann nach unten gehen oder auch mit dem Auto herunterfahren. Der umgebende Wald lag höher und der Höhenunterschied bis zum See und zu den Bootsstegen betrug geschätzt zwischen fünf und sieben Meter.

Ingo also, vom Tor kommend, mit seinem Fahrrad, schmetterte die Zufahrt hinunter, direkt auf den etwa zwanzig bis fünfundzwanzig Meter weit ins Wasser führenden Steg an der Terrasse vorbei, ungebremst mit einem gekonnten Salto direkt samt Fahrrad in den See. Der Beifall der Zuschauer war ihm gewiss.

Wir Kinder hatten also unseren Spaß, dort in Tegel. Die Eltern waren immer für uns da und meine Mutter konnte dort auch kochen, denn es gab auch noch ein Küchengebäude, in dem Einige einen Gaskocher besaßen. Mein Vater konnte immer schön angeln und es gab Stimmen, die behaupteten, meist würden im Vereinsheim allerdings nur die Schnäpse von der Theke geangelt.

Toll war, wenn wir über Nacht da bleiben konnten. Auf dem Gelände konnte nichts passieren, so dass wir manchmal in der Dunkelheit mit unseren Taschenlampen auf Exkursionen gehen konnten und beispielsweise Butterkrebse fingen, die die Angler als Lebendköder für den Aal nahmen.

Eines Samstags im Sommer, ich hatte wahrscheinlich Schulferien, durfte ich eine Nacht mit dem alten Herrn Rucks auf dessen Boot verbringen. Da musste keiner Angst haben, dass der alte Mann etwas mit dem kleinen Thomas vorhatte.

Also wurden die Sachen für die Nacht gepackt. Schlafsack, Stullen und was zu trinken. Bei mir gab es Brause und beim alten Herrn

Rucks Bier und Schnaps. Wir fuhren rüber zur Insel Scharfenberg, die direkt gegenüber vom Angelverein lag. Das Boot wurde von einem nicht zu kleinen Außenbordmotor angetrieben und wir erreichten schnell das Ziel. Der alte Herr Rucks warf zwei Anker aus und legte das Boot damit relativ fest. Dann wurden die Angeln fertig gemacht. Es gab die Erlaubnis zum Nachtangeln, allerdings nur mit zwei Ruten. Das war dem ambitionierten Angler zu wenig und so hatten die Meisten noch ein bis zwei sogenannte „stumme Lotten" in Betrieb. Eine „stumme Lotte" war also eine Angel, die unsichtbar im Boot lag. Dort, wo die Sehne über die Bordwand hing, wurde noch ein bisschen Bleischrot angebracht. Sollte die Schnur abgeschnitten werden müssen, weil der Entenschutz, also die Wasserschutzpolizei auftauchte, dann würde sie versinken und der Angler hatte nur noch die zugelassenen Ruten in Betrieb.

Jedenfalls war das Boot für die Nacht eingerichtet, das Bier und der Schnaps bereit und man konnte noch den Abend an der lauen Luft auf dem Wasser genießen. Wenn man dann mal musste, also der alte Herr Rucks und ich, dann wurde in einem Eimer Wasser aus dem See geschöpft, hineingepinkelt und anschließend der Inhalt über die Bordwand leise entleert.

Der alte Herr Rucks konnte ganz gut Geschichten erzählen, fast so wie mein Opa, und ich hörte ihm gerne zu. Er hatte so eine besondere Aussprache und rollte das „R" ganz gewaltig, im Gegensatz zu den Chinesen, die das ja bekanntlich nicht können.

Nun war an diesem Abend die Nacht noch jung und wie in den meisten Fällen biss kein Fisch an. Es ging ja meist auf Aal. Das Bier schmeckte dem alten Herrn Rucks jedenfalls und ich wurde langsam müde und legte mich zum Schlafen. Der hintere Teil des Bootes, wo meine Schlafstelle war, wurde schon von der Persenning, der Abdeckung des Bootes überdeckt. Wann sich der alte Herr Rucks in die Horizontale begab, habe ich nicht mitbekommen. Zu gemütlich war es im Schlafsack bei der leichten Bewegung des Bootes in den kleinen Wellen.

Am nächsten Morgen, die Sonne zeigte sich bereits, hatte der alte Herr Rucks hinten die Plane schon entfernt und die Angeln eingeholt. Vorn, wo er schlief, blieb jedoch die Plane noch drauf. Ich wunderte mich wahrscheinlich nicht, denn der alte Herr Rucks holte mit dem Eimer eine Ladung Wasser über Bord, stellte den Eimer auf die Bodenbretter und sagte zu mir mit dem rollenden „R".

„Drreh derr mal um, wenn derrr alte Herr Rucks kackahn duhd."

Das machte ich selbstverständlich, denn beim Toilettengang wollte ich nicht zuschauen. Da muss ihm dann doch so sehr der Lehm gedrückt haben, dass er es nicht mehr bis zur Toilette im Verein geschafft hätte.

Nach einigem Stöhnen und Papierrascheln platschte das Ergebnis der Sitzung, so dass es niemand mitbekam, in den Tegeler See. Das war bestimmt damals auch schon nicht erlaubt, aber gemacht haben es alle, vermutlich auch die Fahrgastschiffe. Erst in den 1980er Jahren wurde die Entsorgung von Fäkalien in den See bestraft, wenn es erkannt wurde. Ein späterer Kollege von mir hat für das ins Wasser pinkeln 250,00 D-Mark bezahlt.

Der alte Herr Rucks nicht.

Milch holen

Fragt man heute das eine oder andere Kind, ob es weiß, wo die Milch herkommt, könnte die Antwort vielleicht lauten: Von der Kuh oder aus dem Supermarkt. Aber haben die Kinder schon einmal eine Kuh gesehen? Wahrscheinlich einige, aber auch nur aus der Ferne oder im Fernsehen. Nehme ich jedenfalls an.

Bei mir war das ganz anders. Klar, heute unter den aktuellen Lebensbedingungen würde es so etwas gar nicht mehr geben können, aber als ich klein war, da gab es so etwas schon.

Im Arbeiterbezirk Berlin Wedding, in den 1950er Jahren, aber eher halt so am Ende, also 1959 oder 1960, da gab es Dinge in Berlin, die kann man sich gar nicht vorstellen.

Aufgewachsen bin ich in der Exerzierstraße im Berliner Bezirk Wedding. Diese Straße war noch bis Ende der 1960er Jahre geprägt von Ruinen und Freiflächen, sogenannten freien Plätzen, nachdem dort die Reste der zerstörten Häuser abgerissen waren. Im Nebenhaus, in dem Frau Hänkel wohnte, stand nur noch der rechte Seitenflügel und das Hinterhaus. Das Vorderhaus hat im Krieg einen schweren Bombentreffer erhalten und war eine Ruine, für die es für uns Betretungsverbot gab.

Noch ein Grundstück weiter gab es ein Vorderhaus und einen Hof. Im Vorderhaus, im Keller, hatte ein sogenannter „Lumpenheini" seinen Laden. Der kaufte Schrott an, alte Flaschen, Stoffe und Papier und verscherbelte die Ware gewinnbringend. Reich geworden ist er damit nicht, aber er hatte sein Auskommen.

Noch ein Haus weiter, auf unserer Straßenseite, gab es im Vorderhaus - hinten fehlte alles - einen Kartoffelhändler, der auch ein bisschen Obst und Gemüse verschacherte. Im Keller dieses Hauses hatte ein Astrologe seine Praxis und die Kellerfenster mit Horoskopen zur Ausstellung garniert. Der Astrologe lebte in erster Linie vom Besuch älterer Damen, die sich von ihm gegen Bezahlung natürlich, das Horoskop erstellen ließen.

An der Ecke Exerzierstraße und Schulstraße, schräg gegenüber vom Jüdischen Krankenhaus in der Iranischen Straße, in dem mir Jahre später einmal das Leben gerettet wurde, befand sich ein Flachbau, also Überreste eines ganzen Hauses. Dort hatte ein Zeltmacher sein Domizil. Wendelin Hackenschmitt hieß er und hatte in den Schaufenstern ein paar kleine Zelte als Ausstellung aufgebaut. Im Laden, ich ging da schon einmal rein, roch es irgendwie nach Gummi und Luftmatratzen. Die Luft war abgestanden, aber an diesen komischen Duft erinnere ich mich noch heute.

Gegenüber von Hackenschmitt hatte ein Kohlenhändler seinen Platz. Dort, hinter einem großen Holztor, parkte eine Zeitungshändlerin ihren Verkaufswagen, den sie jeden Morgen von diesem Hof auf die Exerzierstraße an der Straßenbahnhaltestelle, die später Bushaltestelle wurde, unter aller Kraftanstrengung zog und öffnete. Bei ihr gab es die aktuellen Tageszeitungen und mein Lieblingsheft, das Fix und Foxi, aus dem Rolf Kauka Verlag mit Lupo und wie die Helden alle hießen. Natürlich auch Mickey Maus und Donald Duck. In den Wintermonaten hatte die Zeitungshändlerin, eine auch schon in die Jahre gekommene Dame, eine Petroleumlampe im Wagen, die nicht nur für Licht, sondern auch für Wärme sorgte. Der ausgesprochen merkwürdige Duft, ein Gemisch aus den Abgasen der Lampe und den Zeitungen und Zeitschriften hat sich in meiner Nase so festgesetzt, dass ich diesen aus Holz bestehenden und grün gestrichenen Wagen sofort wiedererkennen würde. Auch das Papier der Zeitschriften roch nach Petroleum. Weil es sonst in dem kleinen Wagen, vergleichbar mit einem heutigen Bauwagen, so warm wurde, stand die seitliche Eingangstür fast immer offen, damit dieser kleine Raum auch ordentlich durchlüftet werden konnte. Nach Feierabend verschwand der Zeitungswagen wieder auf dem Kohlenplatz.

Gleich neben dem Wagen, oder besser dahinter, gab es ein Haus, welches nur aus einer Etage bestand. Darin befand sich ein Frisör und ein Zigarettenladen. Daneben war eine Schultheiss Kneipe.

Der Durchgang zwischen Kneipe und Frisör ließ einen Blick auf einen merkwürdigen Hof zu. Im vorderen Teil rechts befand sich ein kleiner Laden. Das wäre vielleicht zu viel gesagt. Laden hört sich so nach Auslage und Licht und so weiter an. Das hier war eher ein Raum, in dem eine eigenartige Maschine stand. Auf einem Tisch, also einem Ladentisch, war sie fest angebracht und sie wurde von ein oder zwei Frauen bedient, die in einer weißen Schürze steckten, die irgendwie aus einem wasserdichten Material bestand. Sehr hell war es in diesem Raum nicht und die gesamte Einrichtung machte einen sehr rustikalen Eindruck. Der Fußboden bestand aus Holz, wie Dielen.

Die Maschine war so etwas wie ein Zapfhahn mit einem langen Griff. Aus diesem Hahn strömte, wenn die Frauen an diesem Griff zogen, frische Milch.

Neben diesem Raum, also etwas weiter hinten auf dem Hof, konnte man drei größere Holztüren wahrnehmen, hinter denen ab und zu Laute zu hören waren, die auf den Aufenthalt von Kühen schließen ließen.

Tatsächlich war es so, dass es dort hinten Ställe gab. Darin wurden mehrere Kühe gehalten von denen man dann vorn die frische, schöne kalte Milch kaufen konnte. Auch diese Ställe hatten einen Holzfußboden und einen ganz speziellen Geruch, bedingt durch die Ausscheidungen der Milchkühe.

Ich durfte dann irgendwann morgens zum Kuhstall gehen und in einer Milchkanne mit Deckel als Aluminium die Milch holen. Die Kanne hatte einen Griff aus Holz und wurde nur für die Milch genutzt. Die Milch war nicht gegen Keime geschützt, also pasteurisiert, denn dazu hätte sie aufgekocht werden müssen. Geschmeckt hat sie jedenfalls sehr gut und geschadet hat sie erst recht nicht. Diese Milch wurde auch nach kurzer Zeit sauer. Opa hatte da so ein Rezept, was er mit der sauren Milch machen konnte. Es wurde ja Dickmilch daraus, die er mit Zucker und Zimt gegessen hat.

Richtig schön, zumindest in meiner Erinnerung, war es im Winter. Wenn der Schnee die Geräusche dämmte und die Schritte und auch alle anderen Umweltgeräusche irgendwie leiser waren und besser klangen. So allein in der dunklen Straße, den grünen Zeitungswagen im Blick und mit leicht roten Ohren wegen der Kälte unterwegs zum Kuhstall. In den Fenstern konnte ich die sparsame Beleuchtung wahrnehmen. Die Geschäfte hatten teilweise schon geöffnet und meine Schritte knirschten im Schnee.

Die Häuser grau, zusammen gefegter Schnee am Bordstein und der Geruch aus den Schornsteinen nach verbranntem Holz und Kohlen. Das war schon irgendwie unheimlich und dennoch spannend.

Bevor ich in den Laden ging, konnte ich noch in die Ställe schauen und die Kühe ansehen.

Jedenfalls glaube ich, wenn ich mit der Milch morgens wieder nach Hause kam, dass die Welt noch in Ordnung war.

Diese Erinnerung möchte ich nicht missen.

Armin, der Held II

Es muss so 1976 oder 1977 gewesen sein. Mein Vater hatte seine Wirkungsstätte in das Rudolf-Virchow-Krankenhaus am Augustenburger Platz in Berlin Wedding verlegt. Im Winter, den es damals noch gab, war es schön kalt und die Straßen und die Gehwege waren schneebedeckt und es war ungemütlich. Vater wollte vielleicht nicht unbedingt besucht werden, aber als sich sorgender Sohn fährt man schon mal hin und schaut nach seinem Erzeuger.

Ich fand in der Nähe der Klinik einen Parkplatz und machte mich auf den Weg. Bei der Rezeption, oder auch beim Pförtner, fragte ich nach, wo ich meinen Vater finden könnte. Das Krankenhaus ist ein riesiger Komplex. Heute gehört es zum Campus der Charité in Berlin mit einem weltbekannten Herzzentrum. Ich hätte auch mit dem Auto auf das Krankenhausgelände fahren können, aber dazu wäre zumindest ein Beifahrer oder eine Beifahrerin nötig gewesen. Der oder die hätte eine kleine Verletzung simulieren und sich beispielsweise ein Taschentuch auf ein Auge halten müssen. Dem Pförtner musste man dann nur noch sagen, dass man zur Notaufnahme wollte. Hatte er an der Wichtigkeit keine Zweifel ließ er die Einfahrt zu. Da ich keinen Simulationspartner hatte, musste ich draußen parken.

Nach einem längeren Fußweg erreichte ich das Haus, in dem mein Vater sein Zimmer hatte. Ich muss jetzt noch einmal darauf hinweisen, wir schreiben die 1970er Jahre. Kneipen existierten noch in rauen Mengen und geraucht wurde an allen Ecken und Enden, auch im Fernsehen bei verschiedenen Sendungen. Der internationale Frühschoppen, eine frühe Gesprächssendung im Deutschen Fernsehen mit einigen Journalisten aus verschiedenen Ländern, fand immer sonntags statt. Was haben die da gequalmt, unvorstellbar.

Zurück zum Virchow-Krankhaus. Ich erklomm die Treppe zur Station IV die natürlich im vierten Obergeschoss lag. Bei der Stationsschwester ersuchte ich um den Hinweis, wo ich meinen Vater finden könnte. Auf dieser Station fehlte völlig der Krankenhausgeruch, irgendwie roch es dort anders. Vielleicht kam mir der Duft ja auch irgendwie bekannt vor.

Am Krankenzimmer angekommen klopfte ich verhalten an die Tür, die in dem Moment von einem, mit einem weißen Kittel bekleideten Mann aufgerissen wurde, der das Zimmer verlassen wollte. Ich stand nun da, die Türklinke in der Hand und den Blick auf einen Saal – Zimmer konnte man das nicht nennen – gerichtet, der mein Bild, welches ich bisher von einem Krankenhaus hatte total erschütterte.

Sechs oder acht Betten befanden sich in diesem Raum. An der breiten Fensterfront stand ein Tisch und mehrere Stühle. Die Fenster waren offenbar wegen der Kälte geschlossen und die Kranken unterhielten sich prächtig, rauchten und spielten am Tisch Skat. Unter verschiedenen Betten und auch unter dem Tisch standen Bierkästen umher, meist Schultheiss, die kleinen Flaschen mit 0,33 Liter Inhalt. Aschenbecher nahm ich auf allen Beistelltischen an den Krankenbetten wahr. Das Pflegepersonal und auch die Ärzte betraten und verließen das Zimmer völlig unaufgeregt und rauchten wahrscheinlich selbst auch. Ich bin sicher, ein Pils hätten die Beschäftigten auch nicht ausgeschlagen. Ich rauchte zu der Zeit ja auch noch fröhlich, aber hier war so ein Qualm, dass die Insassen alle fünf Minuten mal laut durchzählen müssten um festzustellen, ob noch alle da sind. So etwas habe ich noch nicht erlebt.

Aber was sollte ich machen, der Alte war nicht aus dem Zimmer zu bewegen, sondern bot mir ein Bier an und gab eine Rothändle ohne Filter aus. Auf seinem Bett fand ich einen einigermaßen bequemen Sitzplatz und wollte ja auch nicht so lange bleiben. Ich glaube, Besuch hat die Typen nur gestört. Die hatten alle, einschließlich meines Vaters, schon ganz gut einen im Tee und machten sich einen schönen Tag. Nun hatten die alle keine ganz schwerwiegenden Operationen hinter sich und befanden sich schon auf dem Weg der Rekonvaleszenz. Mein Vater hatte einen Gips um den rechten Fuß, den er eigentlich hoch halten sollte. Das hätte aber bedeutet, auf dem Bett liegen zu müssen und nicht am Skatspiel teilhaben zu können.

Er hatte sich ganz erheblich das Sprunggelenk am rechten Fuß verletzt und das kam so.

Meine Schwester Elke wollte mit ihrer Schulfreundin eine Wohngemeinschaft bilden und gemeinsam in eine Wohnung in der Liebenwalder Straße 8 einziehen. Das war tiefster Wedding, und die Wohnungen hatten überwiegend Ofenheizung. Zentralheizung gab es noch nicht, jedenfalls nicht in den Altbauten.

Nun waren einige Renovierungsarbeiten in der Wohnung nötig und mein Vater machte so etwas ja sehr gerne. Wenn ich daran denke, er hat in meiner ersten eigenen Wohnung die Ritzen zwischen den Dielen mit einer Mischung aus Sägespänen und Weißleim zugeschmiert, weil er das wichtig fand. Auch in der Wohnung der beiden Mädels, die damals so um die achtzehn bis zwanzig Jahre alt gewesen sein mögen, hatte er viele Schwachstellen zu reparieren.

Der Vater von der Freundin meiner Schwester, Angelika, war selbstständiger Taxifahrer und hieß Paul. Handwerklich geschickt war er wohl nicht, aber die Bierflaschen öffnen konnte er und den Schnaps eingießen auch.

Wie gesagt, es war Winter und die Straßen und Gehwege waren stark vereist. Auf den Gehwegen hatten die Portiers, oder wie man heute sagen würde, die Facility-Manager oder Hausmeister den Schnee geschoben, mit den althergebrachten hölzernen Schneeschiebern mit Stahlkante unten. Es hatte sich aber auch ordentlich Eis auf den Gehwegen gebildet und deshalb wurde ein Streifen, der vielleicht einen Meter breit war, mit schwerem Werkzeug bearbeitet und vom Eis befreit, so dass die Fußgänger einigermaßen sicher auf dem Gehweg laufen konnten. Gestreut wurde auch, meist mit Asche. Man kann sich vorstellen, wie die Gehwege aussahen.

Mein Vater und Paul waren jedenfalls mit den Arbeiten in der Wohnung der Töchter so weit fertig, freuten sich über das Geschaffte und nahmen noch einen Schluck von den Kaltgetränken, um sich dann zu Fuß auf den Heimweg zu machen. Zuerst wären sie an Pauls Wohnhaus in der Schulstraße vorbei gekommen und mein Vater wäre dann den Rest des Weges allein nach Hause getorkelt.

Wahrscheinlich hätte er dabei gepfiffen, irgendwelche sinnlosen und wenig melodiösen Tonfolgen, wie er es immer machte, wenn er einen in der Krone hatte.

Die beiden Väter verabschiedeten sich bei den Mädels, verließen die Wohnung und kamen auf dem Gehweg vielleicht zwanzig Meter weit, als mein Vater auf so eine Eiskante trat und mit dem Fuß umknickte. Das muss schon höllisch weh getan haben, aber ein Indianer kennt keinen Schmerz und Häuptlinge erst recht nicht, was auch so eine Redensart von Armin war. In diesem Fall hielt er es vor Schmerz nicht aus, und was Paul ihm erzählte, dass er sich mal nicht so haben solle, machte die Sache auch nicht besser.

Jedenfalls humpelte mein Vater auf Paul gestützt erst einmal zurück zur Wohnung, die sie gerade verlassen hatten. Erst mal auf einen Stuhl gesetzt und dann hingelegt. Mein Vater hatte in der Zwischenzeit dieses wunderbare Gefühl erlebt, welches man hat, wenn der Schmerz nachließ. Das hielt aber nicht lange, denn Paul versuchte meinem Vater zu helfen, weil er meinte, Armin hätte sich nur den Fuß etwas verdreht, indem er auch noch an Vaters Fuß herumfuhrwerkte.

Wie auch immer mein Vater nach Hause kam ist mir nicht mehr geläufig. Der Besuch beim Arzt am nächsten Tag führte zur Diagnose: Sprunggelenk gebrochen und gesplittert. Anfangs wäre es wahrscheinlich noch gar nicht so böse gewesen, aber der heilkundige Paul hat dem Gelenk durch seine Therapie den Rest gegeben. Und so landete mein Vater im Rudolf-Virchow-Krankenhaus. Den Rest kennen wir ja schon.

„Nehmses doch nicht so tragisch"

„Diese blöde Töle!" sagte ich mal ziemlich sauer zu dem Rehpinscher, oder auch Zwergpinscher von Frau Hänkel, weil das doofe Vieh so ein Kläffer war und sie den Hund nie zur Ruhe bringen konnte. Ich konnte nicht ahnen, dass diese spontane Äußerung meinerseits schon fast zu interplanetarischen Verwicklungen hätte führen können. Außerdem fand ich es lustig Töle zu sagen, obwohl ich gut erzogen war und wusste, dass es sich um Hunde handelte. Nun, die Großeltern redeten auch immer von Tölen und Kötern und irgendwoher musste ich das ja gelernt haben.

Frau Hänkel wohnte im Nebenhaus, im zweiten Stock des noch vorhandenen Seitenflügels. Das Vorderhaus war ein Kriegsopfer und stand als zerbombte Ruine ungenutzt umher. Strengstes Spielverbot galt für uns und trotzdem war so eine Ruine sehr interessant. Ein etwas älterer Jugendlicher, von der Truppe die damals „die Halbstarken" genannt wurden, stürzte einmal in dieses kaputte Haus und musste von der Feuerwehr geborgen werden. Das gab gewaltig Ärger und führte zu den entsprechenden Verboten. Heute frage ich mich manchmal was so toll an der Ruine war.

Frau Hänkel jedenfalls war entweder Witwe, durch den Krieg oder andere Umstände, oder unverheiratet, was mich aus heutiger Sicht nicht wundern würde. Sie hatte nämlich, um es einmal nett auszudrücken, ein stattliches Gewicht. Wenn sie nicht einkaufen war oder den Köter zum Pinkeln und krummen Buckel machen, fein ausgedrückt zum Lösen, rustikal ausgedrückt zum Kacken führte, dann glotzte sie den ganzen lieben langen Tag aus dem Fenster. Ein Kissen auf dem Fensterbrett und den Hund im Arm beobachtete sie das Geschehen auf ihrem und auch auf unserem Hof.

Wir Kinder spielten auf unserem Hof, bauten in einem Beet Straßen für unsere Autos und versuchten uns auch in der hohen Kunst des Hockeyspielens mittels vorhandener Wanderstöcke, was hin und wieder auch zu zerstörten Scheiben auf dem Hof führte. Unsere Oma, die ja zu Hause war und nicht arbeiten ging, oder gehen konnte, schaute hin und wieder aus dem Küchenfenster ihrer Wohnung, um zu sehen, was die Gören auf dem Hof trieben.

Als ich den Hund von Frau Hänkel dermaßen beschimpfte, dass Frau Hänkel beinahe einen Herzanfall bekommen hätte, rettete mich unsere Oma, weil sie gerade bei Paulin im Lebensmittelladen einkaufen war und das ganze Dilemma am Rande mitbekommen hatte. Um zu schlichten und Frau Hänkel wieder auf den Erdboden zurück zu holen, nahm Oma mich beiseite und versuchte der immer noch aufgebrachten Frau Hänkel zu erklären, dass ich doch nur ein kleiner Junge wäre und meine Äußerung bestimmt nicht so gemeint war und so weiter. Und dann kam der Spruch von Oma, mit dem sie dann auch die Unterredung mit Frau Hänkel beendete:

„Nehmses doch nicht so tragisch."

Das half immer, vor allen Dingen Oma, die sich auch nicht um jeden Preis aufregen wollte. Das konnte sie nachher noch machen, bei einer Zigarette der Marke KRONE und im Beisein von Opa oder meiner Mutter. Meinen Vater interessierten derartige Geschichten nicht besonders. Es ist ja nichts passiert und was soll schon sein? Impulsiver waren schon Opa und Mutter. Erkannt wurde doch, alle Aufregung nutzt nichts, Frau Hänkel ist immer nur am Nölen und damit sollte es dann auch erledigt sein.

Eine ähnliche Situation gab es noch bei uns auf dem Hof. Vielleicht war ich damals sechs Jahre jung als Dietmar mit seinen Eltern in die Exerzierstraße zog. Die wohnten im Hinterhaus in der vierten Etage. Dietmar ist etwa eineinhalb Jahre jünger als ich und könnte damals vier oder fünf Jahre alt gewesen sein.

Er hatte einige Kekse in der Hand und ich wollte auch einen haben. Da er mir nichts abgeben wollte griff ich einfach zu und nahm mir was ich wollte. Ich konnte nicht damit rechnen, aber Dietmar startete ein Geheul wie ein alter Wolf, zog eine Flappe und plärrte lauthals auf dem Hof.

Das lockte nicht nur seine Mutter, sondern auch Oma ans Fenster. Wie sich Dietmars Mutter über diesen Mundraub aufregte, ist mir nicht mehr präsent. Nur die Reaktion unserer Oma.

„Nehmses doch nicht so tragisch."

Das Aquarium

Diese kleine Story ist schon aus jüngerer Zeit, also aus der Zeit zu der ich schon meine eigene Wohnung in Berlin Wedding, Exerzierstraße 20, im vierten Obergeschoss, mit Toilette auf der halben Treppe, bewohnte. Auch hier spielt Frau Hänkel eine kleine Rolle. Den genauen Zeitraum kann ich nicht mehr rekonstruieren, aber auf jeden Fall war das um 1972 oder 1973.

In der Exerzierstraße hatte ein Zooladen eröffnet. Das war Mitte der 1960er Jahre, der den Namen „Aqua Tropica" trug. Ein Laden, ohne Kleinsäuger oder Vögel, ausschließlich Fische gab es da und damit auch nicht den typischen Geruch eines Zooladens. Der Geschäftsmann, ich nenne ihn hier mal Günter, hatte großen Spaß daran, wenn mein Freund Michael und ich uns um den Laden kümmerten, während er hinten, hinter dem grünen Kneipenvorhang also schwerer Stoff, sich um die Tochter der Kurzwarenhändlerin von nebenan bemühte.

Während Michael und ich den Laden schmissen, lernten wir viele Aquarianer kennen und konnten ordentliche Umsätze machen, was Günter freute.

Eines Tages sprach mich Frau Hänkel auf der Straße an, die offenbar die Episode mit der Töle schon vergessen hatte, und fragte mich, ob ich ein großes Aquarium haben möchte, denn es stehe eines bei ihr im Haus auf dem Dachboden. Na klar, sagte ich und fragte Michael, ob er mir beim Transport helfen würde. Nachdem er zugesagt und Zeit hatte, stiegen wir bei Frau Hänkel in den fünften Stock, also auf den Dachboden. Da stand das gute Stück. Es war ein Becken mit rund dreihundert Liter Inhalt, mit einem Eisen- oder Stahlrahmen, die Scheiben waren gekittet und es sah eigentlich nicht schlecht aus. Frohen Mutes und uns nicht bewusst wie schwer dieses Teil sein würde, packten wir an und stellten gleich wieder ab. Meine Fresse, war das Ding schwer. Michael, auch nicht schwächlich, hatte den gleichen Gedanken. Aber was solls. In die Hände gespuckt und ab dafür. Fünf Etagen bergab. Wir mussten einige Male absetzen, auch weil sich das Becken so schlecht anfassen ließ. Unten angekommen noch einmal schräg über den Damm, auch so ungefähr hundert Meter, vielleicht auch hundertfünfzig, und dann vier Treppen hoch. Mit allerletzter Kraft und mehreren Pausen gelangte das Becken in meine Wohnung und fand erst einmal auf dem Fußboden des Wohnzimmers seinen Platz.

Nun machten wir uns Gedanken, wo das Aquarium stehen könnte, denn bei dem Gewicht, wenn da Wasser drin wäre, dann könnten schon bestimmt mit Kies und Inneneinrichtung um die vierhundertfünfzig Kilo zusammen kommen.

Ich war vielleicht zwanzig und Michael achtzehn einhalb, da macht man sich zwar Gedanken, ist aber in gewisser Weise Fatalist, was auch im Zusammenhang mit Empfängnisverhütung eine Rolle spielte.

Wir nahmen einen Küchentisch, vermuteten oder erahnten, wo die Balken unter den Dielen entlang führen würden und platzierten das Becken obendrauf. Nun kam der lange Schlauch zum Einsatz und das Wasser sollte jetzt das Aquarium seiner Bestimmung übergeben. Allerdings waren wir nicht sicher, ob das Teil auch dicht war. Der Kitt an der Frontscheibe sah schon etwas brüchig aus, aber Versuch macht klug. Es waren so etwa 250 Liter Wasser im Becken als wir einen feinen Strahl wahrnahmen, der am unteren Rahmen der Frontscheibe immer kräftiger wurde.

Sofort wurde die Wasserzufuhr gestoppt und die Gegenbewegung eingeleitet. Glücklicherweise, jedenfalls in dem Fall, gab es ein ordentliches Gefälle zur Toilette eine halbe Treppe tiefer und der Schlauch reichte auch aus. Einmal kurz unten am Klo den Schlauch genommen und angesaugt, und schon lief das Wasser bequem in die Toilette, die jetzt für die Benutzung durch die Mitmieter gesperrt war.

Das Wasser war abgelaufen, das Aquarium leer und für uns eigentlich nicht mehr brauchbar. Man hätte jetzt die Scheiben entnehmen, den Rahmen reinigen und alles neu verkitten müssen. Das wäre aber zu viel Aufwand. Was sollten wir machen? Na klar, anfassen und auf den Dachboden in meinem Haus schleppen. War ja nur eine Etage und schnell erledigt.

Im Zooladen fragte ein Nachbar aus meinem Nebenhaus nach einem größeren Aquarium. Der Zufall wollte es, dass ich das mitbekam und ihm mein Aquarium anbieten konnte. Der Typ sagte die Abholung des Beckens in Kürze zu. Aus unserer Erfahrung riet ich ihm, einen zweiten Mann zum Tragen mitzubringen. Selbstsicher winkte er ab. Er wohnte bei mir im Nebenhaus im dritten Stock.

Ich kannte ihn, denn er arbeitete bei der Firma Wittler, die eine große Bäckerei betrieb, schon in den 1960er Jahren mit Elektroautos die Ware auslieferte und in der Maxstraße im Wedding ihren Firmensitz hatte. In der Gottschedstraße, bei uns um die Ecke, hatte Wittler ein Lager in dem die für uns riesigen Säcke mit Mehl und Zucker gelagert wurden und wo wir als Kinder spielen durften. Also auf den Säcken umherklettern und was weiß ich, den Arbeitern beim Schuften zusehen. Dort jedenfalls hatte der Abnehmer für mein Becken gearbeitet und schinderte noch da. Durch die Schlepperei hatte er eine Kraft und Kondition, da konnten die verweichlichten Kinder nur von träumen.

Der Tag kam und der Typ auch. Klingelte bei mir, war allein und fragte abschätzend, wo denn das gute Stück sei. Mit ihm zusammen ging ich auf den Dachboden. Das Aquarium hatten wir auch dort auf einem der umher stehenden Tische abgestellt. Lässig schaute sich mein Nachbar das Aquarium an, trat an den Tisch, ging kurz in die Hocke und zog mit dem rechten Arm und der rechten Hand das schwere Gebilde lässig auf seinen Rücken und marschierte guter Dinge los. Was mir noch blieb, war ihm die Türen zu öffnen und mein Erstaunen auszudrücken.

Mein lieber Mann, fünf Etagen runter und drei Etagen rauf. Und das Alles ohne abzusetzen. Meine Ehrfurcht war kaum in Worte zu kleiden. Aber so etwas prägt sich ein.

Wegen dieser Leistung verzichtete ich auch auf einen kleinen Obolus für das Becken, welches ich ja auch nur geschenkt bekommen hatte.

Tante Berta

In der Exerzierstraße an der Ecke Gottschedstraße hatte Tante Berta ihre Residenz. Dabei handelte es sich um eine Engelhardt-Kneipe, eine typische Berliner Eckkneipe, allerdings ziemlich geräumig. Sie zog sich weiter in die Gottschedstraße hinein als in die Exerzierstraße. Links gab es an den großen Fenstern mehrere Tische mit jeweils vier Stühlen. Durch eine große Tür abgetrennt öffnete sich eine Art Saal. Hinter dem Stammtisch betrat man über einen langen Flur die Toiletten und auch die Privaträume. Hinter dem Tresen, von den Gästen nicht zu sehen, war die Küche zu finden. Der ehemalige Wirt dieser Kneipe, der verstorbene Mann von Tante Berta, servierte noch mit einer Lederschürze vor dem Bauch. Allerdings kenne ich ihn nur von einem Bild in dem Lokal an der Wand. Tante Berta hat nach seinem Tod das Lokal weitergeführt. Nach einiger Zeit war sie aber nicht mehr in der Lage dazu und holte als Hilfe ihre jüngere Schwester hinzu.

Jüngere Schwester hieß in diesem Fall etwa sechzig Jahre alt. Tante Berta hatte schon ein paar Jahre mehr auf dem Buckel und machte nicht mehr viel in der Kneipe. Sie hatte einen großen und schweren Sessel, heute würde man Fernsehsessel sagen, direkt am Stammtisch platzieren lassen und nahm somit noch immer am Kneipenleben teil.

Sie und ihre Schwester, an deren Namen ich mich nicht mehr erinnern kann, trugen beide die damals üblichen Kittelschürzen. Tante Berta in weiß, wie eine Krankenschwester, ihre kleine Schwester bevorzugte eher Blümchenmuster und war somit ein wenig freundlicher gekleidet.

Die Kneipe betrat man durch eine Doppeltür, von der immer nur ein Flügel geöffnet war und lief direkt auf einen rechteckigen Stehbiertisch zu, der vor dem Tresen, oder der Theke stand. Rechter Hand an einer kurzen Wand befand sich ein Spielautomat. Der Tresen hatte das übliche Aussehen dieser Zeit. Alublech beschlagen, mit zwei Spülbecken und der Zapfanlage mit drei oder vier Hähnen. Aus einem wurde die sogenannte Sportsmolle gezapft. Das war die Fassbrause, die nach Apfel schmeckte und zu der Zeit doch tatsächlich noch im Fass geliefert und auch aus diesem gezapft wurde. Wenn man vom Eingang auf die Theke schaute, befand sich auf der rechten Seite ein Gestell aus Glas, mit mehreren Glasböden. Darin fanden sich verschiedene Kleinigkeiten als Imbiss für die Biertrinker. Unter anderem Soleier, Würstchen und das Ziel meiner Begierde, Bouletten. Schön auf einem Teller drapiert lagen sie da und in einer aufgeschnittenen Schrippe mit einem Klecks Senf schmeckten sie wunderbar. Jedenfalls am Sonntag.

Meine Beziehung zu der Kneipe von Tante Berta lag ja nicht darin, dass ich dort Bier getrunken hätte. Es gab eigentlich nur drei Gründe für mich diese Kneipe zu betreten. Erstens die Bouletten, zweitens die Sportsmolle, die ich auch in einem Eimer holen und in den dritten Stock zu unserer Wohnung schaffen konnte und drittens, meine Aufgabe meinen Vater zum Essen zu rufen, aber dazu später.

An die Bouletten, oder zumindest an eine Boulette, kam ich sonntags nur dann, wenn ich mit meiner Oma in die Frühmesse zur Kirche ging. Das war schon immer eine ordentliche Latscherei, denn die Kirche war in der Bellermannstraße. Von unserem Wohnhaus bis zur Sankt Petrus Kirche lief man bestimmt zwanzig Minuten, obwohl die Kirche nur rund einen Kilometer entfernt war. Wenn ich morgens mit Oma bei Sprühregen und ekligem Wind zur Kirche musste, dann hatte ich nicht nur fünfzig Pfennige für den Klingelbeutel und zwanzig Pfennige für eine andere Kollekte, die in einem kleinen Korb in der Kirche gesammelt wurde, dabei, sondern auch noch eine Mark von Oma für eine Boulette bei Tante Berta auf dem Rückweg. In die Kirche musste ich mitgehen, weil ich - so erzähle ich es immer - katholisch aufgewachsen bin und auch so erzogen wurde. Meine Oma und meine Mutter waren eher auf Kirche aus als mein Vater und mein Opa. Die Beiden habe ich selten bis gar nicht bei der Messe gesehen. Mein Opa war zwar Mitglied der Kolping Familie, aber er beließ es eher beim Trinken des Messweines bei den Kolpingvereins Sitzungen.

Ich sollte zur Kommunion gehen und musste dafür auch zum Kommunionsunterricht, eben auch in dieser Pfarrei und der Pfarrer freute sich, wenn er seine Schäfchen in der Messe sah. Ich freute mich mehr auf den Rückweg und die salzige Kneipenboulette. In die Kneipe durfte ich schon allein rein, denn wenn wir aus der Kirche kamen, war da noch nicht so viel Betrieb. Tante Berta saß schon in ihrem schweren hellbraunen Sessel in ihrer weißen Kittelschürze. Sie hatte noch dunkle Haare zu einem Knoten gebunden, und war eher hager und schmal, um nicht zu sagen dürr. Ich gab ihr ordentlich die Hand und ihre Schwester machte, nachdem ich auch ihr artig Guten Tag sagte, eine trockene und pappige Schrippe fertig, indem sie diese aufschnitt, die Boulette hinlegte und eine ordentliche Ladung Senf darauf verteilte. Die drückte sie mir dann in die Hand, wünschte guten Appetit und schon war ich wieder aus dem Lokal verschwunden. Oma war schon fast an der Haustür und ich flitzte hinterher. Ehrlich gesagt, was ich an diesen Bouletten so toll fand weiß nicht mehr. Aber sonntags gehörte das zum Programm.

Tante Berta öffnete um neun Uhr und hatte am Montag Ruhetag. Damals, so Anfang der 1960er Jahre hatten die Kneipen ja noch eine völlig andere soziale Funktion. Dort traf man sich am Sonntag zum Frühschoppen und nach Feierabend auf ein Bier und vielleicht einen Korn.

Mein Vater lief dort auch öfter mal ein, weil er dort seine Kumpels traf. Wir hatten in der Exerzierstraße insgesamt vier Kneipen und später noch einen Wienerwald. Alle Lokale waren immer von ihren Stammgästen sozusagen besucht und bewohnt.

Sonntags konnte es sein, dass wir uns über den Weg liefen. Mein Vater auf dem Weg zum Frühschoppen, also in Kirche, wo die Gebetbücher Henkel haben, und ich nach dem Boulettenkauf auf dem Heimweg.

Oma war die Köchin in unserer Familie und sonntags gab es immer etwas richtig Tolles. Sauerbraten, Rouladen, Schnitzel, immer mit Kartoffeln oder Klößen und einer Beilage wie Rotkohl oder ähnliches. Essenszeit war um halb Eins. Das war so sicher wie das Amen in der Kirche. Pünktlich um diese Zeit stand das Essen auf dem Tisch und alle freuten sich. Außer, wenn mein Vater irgendwie die Zeit verpasste und bei Tante Berta versackt war. Es wurde zunächst auf ihn gewartet, was alle anderen schon nervös machte. Besser war es, ein wenig zu warten, aber spätestens um Eins war es allen egal und es wurde aufgetischt. Für meinen Vater wurden die Kartoffeln im Topf im Bett unter der Decke warm gehalten.

Manchmal, wenn er dann so eine Stunde später und gut angesemmelt nach oben kam, dann war der auch noch sauer, weil er allein essen musste. Meine Mutter hat diese Situation nie gemocht und alles mit sehr gemischten Gefühlen ertragen. Mein Vater war manchmal nicht besonders pflegeleicht, um das mal so zu sagen.

Wenn alles seinen relativ normalen Verlauf genommen hatte, dann machte sich mein Vater zu einem Mittagsschläfchen bereit und verschwand auf der Couch. Binnen Minuten fiel er in einen komatösen Schlaf und fing das Schnarchen an, dass es eine wahre Pracht war.

Es gab auch Situationen, da schickte mich meine Oma oder meine Mutter zu Tante Berta um meinen Vater an den Mittagstermin zu erinnern. Die anderen Kumpels machten irgendwelche Bemerkungen, weil der Bubi seinen Vater zum Essen holen sollte. Er bestellte für mich eine Sportsmolle und meinte, er käme gleich. In den meisten Fällen überzog er aber und das gefiel niemanden.

Zumindest fanden die Sonntage aber ihren völlig angenehmen Abschluss darin, dass die restliche Soße vom Sonntagsbraten am Abend noch einmal warm gemacht, und mit einer Scheibe Brot aufgestippt wurde. Dabei schmeckte sie nochmal so gut wie am Mittag. Und wenn mein Vater wieder bei guter Laune war, dann konnten es noch nette Abende werden.

Nachmittags in Untersuchungshaft

Im Frühling 1965 wehte ein laues Lüftchen durch die Antonstraße im Wedding, wo unsere Grundschule ihren Platz hatte. Die Osterferien waren in Sicht und wir konnten zwar noch nicht mit kurzen Hosen gehen, aber immerhin benötigten wir keine dicken Sachen mehr. Das Laub der Bäume war schon grün und die Krokusse zeigten sich auch schon einmal.

Die letzte Stunde hatten wir bei Fräulein Höhndorf und das war Deutsch. Der Blick aus dem Fenster sagte mir, nach der Schule werde ich vielleicht mit einem Klassenkameraden in den Schillerpark gehen und Fußball spielen. Vielleicht aber auch in die Bücherei, da gibt es eventuell einen Film zu sehen. Hausaufgaben hatten wir nicht auf, jedenfalls nichts, was nicht auch noch am Abend zu erledigen gewesen wäre. Obwohl, besser fühlte ich mich immer dann, wenn ich alles fertig hatte und dann mit meinem Tretroller, luftbereift mit so gelben Mänteln, grün lackiert das Teil, schwarzes Trittbrett, Schutzbleche vorne und hinten und die bei diesen Rollern übliche Bremse. Vorne drückte ein Bremsklotz, über einen Hebel am Lenker ausgelöst, auf den kleinen Reifen. Hinten gab es so etwas wie eine Fußraste. Wenn man mit der Ferse und der ganzen Kraft die man hatte drauftrat, dann drückte eine ziemlich große Metallplatte auf den hinteren Reifen.

Mit diesem Roller durfte ich zwar nicht zur Schule fahren, erledigte aber alle anderen Termine in meiner Freizeit damit.

Jedenfalls war ich mir noch nicht so richtig sicher, was ich machen würde. Vielleicht auch auf dem Rasen im nahegelegenen Altersheim spielen, wobei ich mir oft Schimpfe von den alten Damen einhandelte, denn sie hatten kein Verständnis dafür, dass so ein Bengel wie ich mit einem Ball herumtobt und nicht nur laut ist, sondern auch eventuell eine Dame mit dem Ball treffen und sie verletzen könnte. Im Grunde waren sie bestimmt nur neidisch, weil sie selbst nicht mehr hinter dem Ball herlaufen konnten.

Zurück zur Schule. Die Klingel läutete die letzte Stunde für uns ab. Wir nahmen unsere Ranzen und zogen sie auf den Rücken. Sie waren lange nicht so schwer wie die heutigen Taschen der Schüler, die ja schon teilweise ihre Koffer, muss man ja sagen, wie ein Geschäftsmann hinter sich her ziehen.

Es war schon sehr laut als wir freigelassen wurden. Mein Klassenkamerad Wolfgang fragte mich, ob ich noch mit ihm zusammen den Weg nach Hause gehen würde. Er wohnte ein bisschen weiter weg, in der Liebenwalder Straße 6, aber für mich war das kein Umweg und mit Wolfgang konnte man auch immer schön irgendwelchen Blödsinn machen.

Er war im Gegensatz zu mir etwas kräftiger und machte insgesamt einen robusteren Eindruck als ich.

Also trotteten wir von der Antonstraße über die Schulstraße, die Maxstraße und die Groninger Straße zur Liebenwalder. Auf dem Weg dorthin unterhielten wir uns über alles Mögliche und Wolfgang musste sich noch in dem kleinen Schreibwarenladen in seinem Wohnhaus einen Bleianspitzer und einen Radiergummi für die Schule kaufen. Seine Mutter hatte ihm dafür das Geld mitgegeben. Um welche Summe es sich handelte weiß ich nicht mehr, vielleicht eine Mark. Wolfgang jedoch wollte die Mark lieber für ein Eis ausgeben oder für andere Süßigkeiten. Deshalb beschloss er, den Ratzefummel und den Bleianspitzer in dem Laden zu klauen. Vor dem Ladenbesitzer hatte er keinen Schiss, aber ich. Als wir am Laden ankamen, wäre ich am liebsten weiter gegangen. Ich traute mich jedoch nicht, weil ich auch nicht von Wolfgang für eine Pfeife gehalten werden wollte. In den Laden bin ich nicht mit rein gegangen. Ich wartete draußen an der Tür, stand sozusagen Schmiere.

Wolfgang atmete noch einmal tief durch und betrat dann das Geschäft. Ich konnte sehen, wie er so tat als würde er sich nicht entscheiden können was er haben wollte. Der Inhaber war zumindest einen kurzen Moment nicht aufmerksam und Wolfgang schnappte zu. Den Radierer und den Anspitzer hatte er in der Hand und in dem Moment hatte der Mann hinter dem Ladentisch auch schon wieder den vollen Durchblick und Wolfgang beim Klauen ertappt. Wolfgang wollte aus dem Laden fliehen, was ihm auch gelang, aber der Verkäufer war so blitzschnell hinter dem Ladentisch hervor gekommen und hatte zu einem kurzen Sprint angesetzt und Wolfgang gefangen, und mich gleich mit. Für ihn war offenbar zu erkennen, dass wir zusammen gehörten. Ich hatte ja nun überhaupt nichts gemacht, wurde aber von dem wütenden Verkäufer gemeinsam mit Wolfgang in den Laden zurück verfrachtet um dann hören zu können, wie der Typ die Polizei rief. Das war ja nun völlig aus dem Ruder gelaufen und ich konnte dort nicht weg.

Es dauerte nicht lange, da kam schon ein Funkwagen mit zwei Polizisten angefahren und hielt vor dem Laden. Die beiden Polizisten betraten das Geschäft und der Verkäufer machte seine Angaben, die ja in erster Linie Wolfgang und nicht mich belasteten. Ich hatte so eine Angst vor den Polizisten, ich hätte mir fast in die Hose gemacht. Ich glaube, heute hätten die Jungs in unserem Alter über die Polizei nur gelacht. Wir hatten nicht nur Schiss, wir hatten auch Respekt.

Als wahrscheinlich erzieherische Maßnahme wurden wir beide mitgenommen und mussten uns hinten in den VW Käfer setzen, mit dem die Polizisten angefahren kamen. Wir redeten kein Wort, auch Wolfgang war total weiß und konnte schon ahnen, was ihn nachher zu Hause erwarten würde. Wir fuhren zu einem Polizeirevier in der Seestraße an der Ecke Indische Straße. Welche Nummer dieses Revier hatte weiß ich nicht mehr.

Es war ein Flachbau mit der üblichen Einrichtung von Polizeigebäuden. Es gab vorn einen Tresen, der die Wachhabenden vom Publikum trennte und einige Büros. Arrestzellen hatten sie dort auch, aber zu unserem Glück konnten wir vorn auf einer Bank sitzen bleiben. Die Polizisten, die vorbeiliefen, schauten uns grimmig an als säßen hier zwei Schwerverbrecher. Ich hatte ordentlich Düse und fragte mich immer wieder, warum ich in gewisser Weise mitgemacht hatte.

Die Zeit verging. Die Polizisten kümmerten sich kaum um uns, sondern schauten nur ab und zu nach uns und machten so die Geste mit dem Zeigefinger, dieses „Du, Du".

Wie die Polizei das hin gekriegt hatte, unsere Eltern zu informieren, damit sie uns abholen sollten ist mir heute nicht klar. Angerufen haben sie jedenfalls nicht. Ich vermute, es ist einer von ihnen bei uns zu Hause vorbei gegangen.

Wir saßen jedenfalls bis in den Nachmittag sozusagen in Untersuchungshaft. Geredet haben wir kaum und aufzustehen trauten wir uns auch nicht. Immer wieder lugte einer der Schupos zu uns rüber und tat so, als müsste er sich vergewissern, dass wir auch noch nicht geflohen sind.

Stunden später jedenfalls kam meine Mutter, um mich abzuholen. Zum Glück nicht mein Vater. Da hätte ich mir was anhören können. Meine Mutter hieß mein Verhalten zwar nicht gut, akzeptierte aber, dass ich in die Sache nur so hineingerutscht war. Getan hatte ich ja nichts.

Auf dem Weg nach Hause hatte ich mal so richtig Zeit nachzudenken und einen Schluss zog ich aus diesem Erlebnis. Nie etwas klauen und sich schon gar nicht dabei erwischen lassen. Noch heute wirkt dieses Abenteuer nach und ich habe immer noch Respekt vor der Polizei.

Die Frau ohne Rock

Von der Kneipe in der Exerzierstraße, Ecke Gottschedstraße hatten wir ja schon gehört. Tante Berta, oder „Bei Tante Berta". Auch dass Tante Berta das Lokal nicht mehr weiter betreiben konnte wissen wir schon. Das Lokal wurde an einen neuen Wirt übergeben. Der Name der Kneipe wurde nach meinen Erinnerungen nicht geändert, sondern so belassen. An der Besatzung. also bei den Gästen, hatte sich eigentlich auch gar nichts geändert. Es gab halt immer noch die alten Stammgäste, die auch schon mal in Hausschuhen ein Bierchen trinken gingen.

Bei der Bewirtschaftung hatte sich schon etwas geändert. Der neue Wirt wurde Onkel Arno genannt und hatte gleich mal hinten, in dem größeren Raum, einen Pool Billard Tisch aufgestellt. Für eine Mark konnten wir dort Billard spielen und die wildesten Strickstöße üben. Mein Freund Dietmar und ich erzielten in kurzer Zeit sensationelle Ergebnisse beim Billard. Daran merkt man schon, die Geschichte spielt nicht mehr in der Kindheit, sondern schon in der Phase meines beruflichen Werdegangs beim Zoll. Nochmal kurz zurück zur neuen Bewirtschaftung. Onkel Arnos Frau, die ebenfalls in dem Lokal mitarbeitete, sah auch so ein bisschen aus wie Tante Berta. Also weiße Kittelschürze, nur wesentlich fülliger als die alte Dame. Die Gäste meinten, es wäre die Mutter von Onkel

Arno, weil sie etwas älter wirkte. Nett war sie aber, und die Bouletten schmeckten nach wie vor und waren auch selbst gemacht.

Ich hatte schon ein Auto und damit spielt die Geschichte Mitte der 1970er Jahre. Noch ein Wort zu Onkel Arno. Ich kam eines Abends nach einem versetzten Dienst gegen einundzwanzig Uhr nach Hause. Mit meinem Hund machte ich noch eine kleine Runde und wollte bei Onkel Arno ein Bier zum Feierabend trinken. Ich hatte zwar welches in der Wohnung, aber ich genoss es auch, in der Kneipe vorn am Stehbiertisch zu stehen und die Typen in der Pinte zu beobachten. Unterhalten konnte ich mich auch, wenn die Gesprächspartner noch sprechen konnten. Ich kam also in die Pinte und sah Onkel Arno, der auch selbst ein guter Kunde von sich war, hinter dem Tresen stehen, wie Obelix. Arno hatte einen leichten Bauch, also nett gemeint, und stand ein wenig nach vorn übergebeugt und hielt die Arme und die Hände so nach hinten und die Handflächen nach oben, wie Obelix, wenn er Hinkelsteine transportieren wollte. An dem Abend war mit ihm nichts mehr los und seine Frau hatte wahrscheinlich schon Feierabend.

„Juten Nahmd Arno, kannst Du mir ein Bier einschänkeln?"

Es war, wie gesagt etwa einundzwanzig Uhr. Da sagt er zu mir:

„Ick bin doch hier keen Nachdlokal."

Ich wollte schon gehen, aber er konnte mir immerhin noch eine Flasche Engelhardt öffnen. So kam ich doch noch dazu meine Studien bei den Gästen zu betreiben.

Eines Sonntags, vielleicht war es so gegen siebzehn Uhr, schauten Dietmar und ich bei leichtem Nieselregen und etwas kühlerer Witterung aus einem der Wohnzimmerfenster meiner Wohnung im vierten Stock auf die Straße und beobachteten, wie die Fenstermafia, das zugegeben verhaltene Treiben in der Exerzierstraße. Das Wetter lockte nicht viele Menschen zum Herausgehen an. Aber ein paar Spaziergänger waren unterwegs. Durch die grauen Wolken konnte kein Sonnenstrahl seinen Weg finden und so war in der Kneipe, bei Onkel Arno, schon die halbdunkle Kneipenbeleuchtung eingeschaltet. Immer nach dem Motto: Lieber eine dunkle Kneipe, als ein heller Arbeitsplatz.

Nun schauten wir nicht die ganze Zeit aus dem Fenster und hatten offenbar ein Ereignis nicht mitbekommen, was unten in der Pinte zu wahren Ausfallerscheinungen führte.

Mein Telefon klingelte und es war ein Nachbar am Telefon. Das war Onkel Fred. Ich nenne ihn hier so, weil es halt bei uns Onkel Fred war. In Wirklichkeit hieß er Fritz und war ein Kumpel meines Vaters. Er rief jedenfalls aus der Kneipe bei mir an, und ehrlich gesagt weiß ich gar nicht warum und sagte:

„Komm mal runter zu Arno. Hier looft ne Frau rum, die hat keenen Rock an, aba mach hinne."

Natürlich wollten wir wissen, was da unten in der Kneipe los war und wir nahmen ein bisschen Geld mit, um eine Runde Billard zu spielen und für ein Bier.

Als wir die Tür zum Lokal öffneten stellten wir zunächst fest, wie gut gefüllt es hier war. Die ominöse Frau nahm ich zunächst gar nicht wahr, weil die Pinte dermaßen verqualmt war, so dass ich so richtig gar nichts sehen konnte. Nach kurzer Zeit der Eingewöhnung erkannte ich was hier los war.

Eine nicht mal unattraktive Frau, vielleicht einen Meter sechzig groß, dunkles kurzes Haar, wie man heute sagen würde Bubikopf, bekleidet mit einem hellgrauen kurzen Mantel, der knapp über ihren Knien endete und vielleicht fünf Zentimeter hohen Pumps an den Füßen, bewegte sich im Lokal von hier nach da, ohne erkennbares Ziel. Irgendwie machte sie einen leicht verwirrten, aber nicht so richtig betrunkenen Eindruck. Aber wie wollte ich das feststellen und ehrlich gesagt, richtig interessierte es mich auch nicht.

Total interessant war aber das Verhalten der schon teilweise ordentlich abgefüllten Gäste. Es war wie in einem Gehege, in dem sich einige in der Brunft befanden.

Der eine Kumpel vom Onkel Fred und meinem Vater, er hieß Rudi, saß nicht mehr auf seinem Stuhl. Er lag mit dem Rücken auf der

Sitzfläche, die Beine hingen über die Lehne, damit er einen besseren Einblick oder einen besseren Blick unter den Mantel der Frau erlangen konnte, wenn sie an ihm vorbeilief. Er lachte und machte irgendwelche Faxen um die Aufmerksamkeit der Frau auf sich zu lenken.

Wie gesagt, ich fand sie irgendwie spannend und was ich sehen konnte, waren auch gut geformte Beine. Also in gewisser Weise konnte ich das Balzverhalten der Trinker verstehen. Wo lernt man auch schon auf so einfache Weise eine Frau kennen, wenn nicht hier und unter diesen Bedingungen.

Dietmar und ich saßen mit Onkel Fred an einem Tisch und Arno brachte die Biere und stellte sie vor uns ab. Wir rauchten ja alle, also steckten wir uns erst mal eine Zigarette an und harrten der Dinge, die da kommen würden. Fred war auch schon nervös und alle anderen waren plötzlich von der Rolle. Warum? Die Frau war verschwunden. Zum Glück der Anwesenden hatte sie nur die Toilette besucht und kehrte wieder zurück, um den nächsten Gang durch das Lokal zu machen. Als sie bei uns am Tisch vorbeikam, hielt Onkel Fred sie an.

Sie stand an der Stirnseite des Tisches und Fred nahm eine Seite ihres Mantels, der nicht ganz zugeknöpft war und hob ihn seitlich an. Die Frau ließ sich das ohne zu murren gefallen und nun konnte man sehen, dass sie wirklich keinen Rock oder ein Kleid an hatte.

Sie trug Strumpfhosen und einen Slip und sonst nichts. Wo ihre Bekleidung geblieben war? Keine Ahnung. Ob sie schon so losgegangen war? Keine Ahnung.

Jedenfalls sagte sie mit einer doch angenehmen Stimme und völlig unaufgeregt und ohne Abwehr gegen die Attacke zu Fred:

„Hat ihnen schon mal jemand gesagt, dass sie ein Ferkel sind?"

Fred antwortete lachend:

„Nee, Schwein ham se imma jesachd, Schwein!"

Dann ließ er den Mantel los und die Dame begab sich wieder irgendwo in den hinteren Bereich der Kneipe. Die Typen ließen jedoch nicht locker und machten weiterhin ihre Faxen.

Weil wir schon mal in der Kneipe waren spielten wir noch ein paar Runden Billard. Ab und zu ließen wir einen Blick in den Schankraum schweifen. Irgendwann, wir wollten ohnehin aufhören zu spielen, war die Frau weg. Sie hatte das Lokal verlassen und massenweise unerfüllte Wünsche hinterlassen. Schade für alle. So trat dann wieder das normale Leben ein.

„Arno, machsde ma noch ne Runde."

Danksagung:

Für das Lektorat bedanke ich mich sehr bei Rosemarie Saßnick, die meine Interpunktion und Rechtschreibung berichtigte und auf den einen oder anderen sachlichen Fauxpas hinwies.

Meinen Freunden Dietmar Brockmann, Jens Ziegner, Michael Dahn und Peter Rudolph gilt mein Dank für verschiedene Gespräche und Telefonate bei denen wir uns über die alten Zeiten unterhielten und gemeinsam an die teilweise zusammen erlebten Geschichten dachten. Insbesondere Dietmar, mit dem ich meine Kindheit und Jugend verbrachte, hebe ich hier besonders hervor. Unsere gemeinsame Zeit und auch die noch heute - logischerweise - bestehenden Kontakte bewegen mich immer wieder. Wie Brüder sind wir durch unsere Zeit gegangen und dafür danke ich ihm sehr.

Zeitfracht Medien GmbH
Ferdinand-Jühlke-Straße 7
99095 Erfurt, Deutschland
produktsicherheit@kolibri360.de